Voyages

et

Passagers

de

Jadis

Par G. Lenôtre

Illustrations
de
Maurice Leloir

VOYAGES ET PASSAGERS
DE JADIS*

ONSIEUR Reichard, conseiller de guerre, était un homme pacifique autant que prudent et minutieux.

Lorsqu'il écrivit en Allemagne, à la fin du dix-huitième siècle, son *Guide des Voyageurs en Europe*, il consacra deux cent vingt-huit pages aux précautions que doit prendre, avant de se mettre en route, un

* D'après les *Papiers de Fr. Sauvage*, conservés au département des manuscrits de la Bibliothèque Nationale : *Guide du Voyageur en Europe*, par Reichard, Weimar 1806. — *Histoire de la Marine Française*, par Ch. de la Roncière. — *Almanach royal* de 1776 et suivants. — *Mémoires* de Billard de Vaux. — *Mémoires d'Outre-Tombe* de Chateaubriand, etc., etc.

homme soucieux de sa santé et de son bien-être. Reichard habitait Gotha et se piquait d'avoir beaucoup roulé. Étant persuadé « qu'un ami des hommes doit se faire un plaisir de communiquer les lumières qu'il a su acquérir », il se plaisait à renseigner ses contemporains sur les joies du voyage et sur la manière dont on doit s'y prendre pour parcourir le monde. Il faut croire qu'il fit beaucoup d'adeptes puisque, en moins

de quatre ans, trois éditions de son livre se trouvèrent épuisées ; mais, à notre idée d'aujourd'hui, ce manuel était de nature à dégoûter pour jamais les gens de bouger du coin de leur feu. Ce n'était pas folâtre plaisir qu'un voyage au goût de M. Reichard et les conseils qu'il donne sont pour y regarder à deux fois avant de se mettre en route.

D'abord, il estime nécessaire qu'un touriste étudie à fond « l'histoire naturelle, la mécanique, la géographie, l'agriculture, les langues, le dessin, la calligraphie, la sténographie, la natation, la médecine, la musique et les Beaux-Arts ». Cette préparation menée à bien et le plan du parcours combiné, il sera indispensable au voyageur de « se procurer la liste des manufactures qui se trouvent dans chacune des villes par où il passera et dans leurs environs, avec un détail du nombre des artisans de chaque classe, leur âge, etc., la quan-

tité de matières premières qu'on y met en œuvre, les endroits où elles se débitent et autres renseignements similaires... »

Dans tous les bourgs et villages qu'il traversera, il devra « s'informer de l'accroissement ou de la diminution de la population, quelles en peuvent être les causes, de même que de la consommation annuelle qui s'y fait, surtout dans les cinq, dix ou vingt dernières années... »

Ah ! qu'ils avaient de loisirs, les braves gens d'autrefois ! Quand on s'était mis en état d'élucider ces points importants, mais alors seulement, on pouvait se mettre en quête « d'un domestique ayant quelque

notion de chirurgie, pour que, dans un cas de besoin,
il puisse faire une saignée à son maître. « Le futur
touriste procédait ensuite à la composition de son
arsenal de voyage : une paire de pistolets à deux coups
ou de tromblons à mitraille « qui sèment et éparpillent
bien une douzaine de petites balles dont on les
charge »; il devait ensuite, *écrire son testament* «afin
d'éviter toute discussion entre les membres de sa
famille au cas qu'il vint à décéder en route »; après
quoi, pendant une quinzaine de jours, il s'astreindra
au régime des purgatifs anodins, et, ainsi paré, il
pourra enfin, si le cœur ne lui défaille pas, se mettre
en route, résolument.

Ici se place la question des bagages. Outre les armes, les livres, les cartes géographiques, les vêtements de rechange, le linge, les chaussures et les hardes, Reichard est d'avis qu'un voyageur avisé doit se munir de quelques petits objets indispensables en cours de route, à savoir : « un cric, un fort marteau, une ou deux chaînes de fer, de bonnes cordes, un lit de voyage avec son matelas, son traversin, ses oreillers contenus dans un sac en cuir de bœuf, une cou-

verture de soie, un étui de mathématiques, de l'encre de Chine, une boussole, un pot de graisse, de la bougie, un télescope, une chambre obscure, des draps de lit, des verrous postiches qu'on puisse adapter à toutes les portes, un thermomètre et deux peaux de cerf cousues ensemble, d'environ six pieds six pouces de longueur sur trois pieds six pouces de large ; ces peaux de cerf destinées à garantir de la fraicheur des lits d'auberge et de la morsure des punaises ». J'oubliais la pharmacie, obligatoirement composée d'une provision de bon vinaigre distillé, d'eau d'arquebusade, de vinaigre de Saturne, de liqueur d'Hofmann, de vins de Hongrie et du Cap, de rhubarbe et d'ipéca

cuanha, médicaments auxquels il importe de joindre
une seringue.

C'étaient là les munitions du simple touriste — celui

qui partait *outre-mer* s'arrimait bien plus complètement
— le cas d'ailleurs était si rare qu'aucun guide, aucun
almanach, aucun prospectus, ne commettait l'invrai-
semblance de le prévoir. *Passer l'eau*, se risquer sur
l'Océan, cela n'arrivait jamais aux bourgeois rangés ;
c'était un sort réservé aux aventuriers ou aux ambi-
tieux. Lorsqu'il fallait s'y soumettre, on s'y préparait
six mois d'avance, car nos pères — comment faisaient-
ils ? — *avaient le temps...*

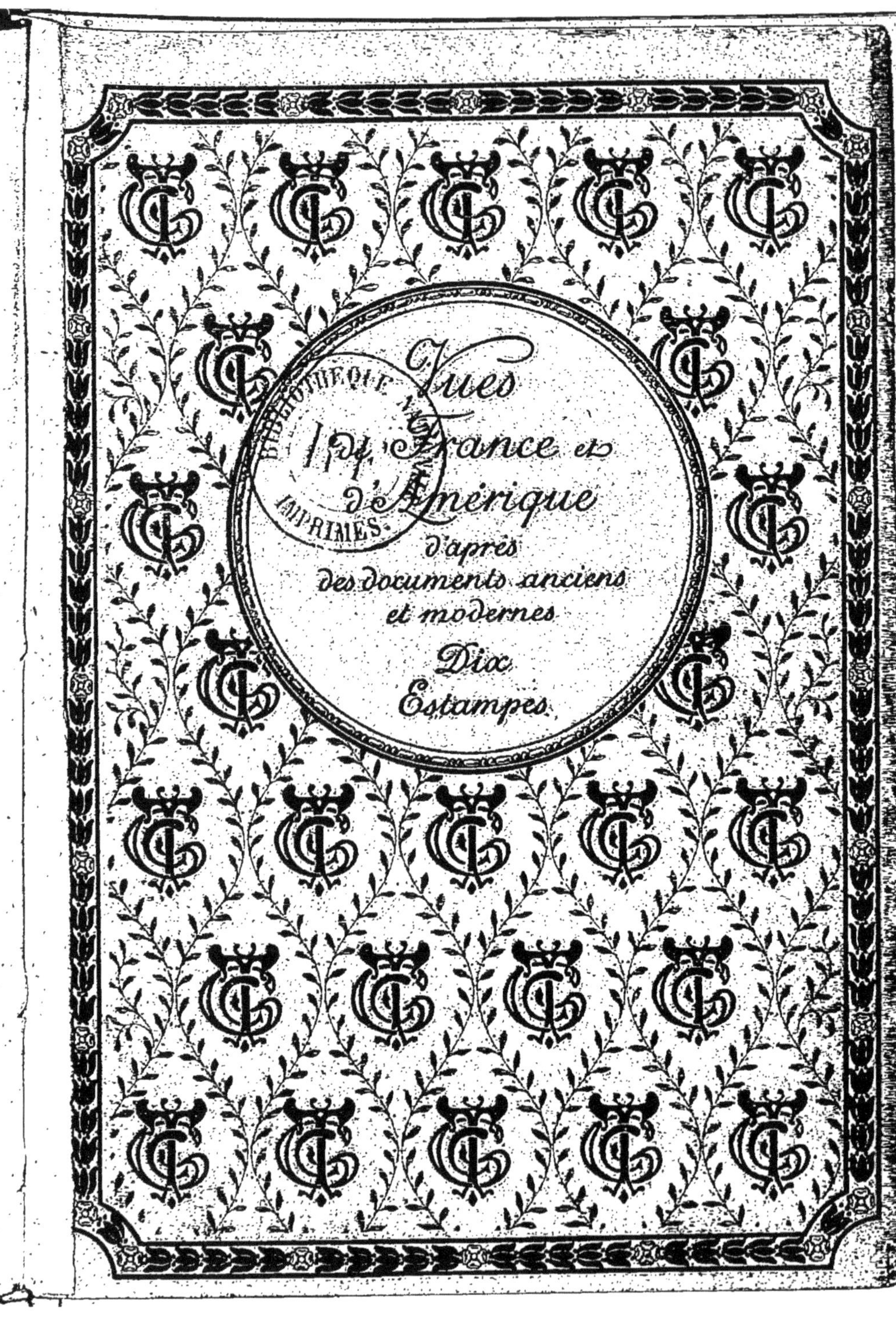
Vues de France et d'Amérique
d'après
des documents anciens
et modernes
Dix
Estampes

LE PORT DU HAVRE

Vu de la Citadelle sur le Bastion du Roi

1776

VUE DU PORT
ET DE LA VILLE DU HAVRE
vers 1840

VUE DU PORT
DEPUIS LA VILLE DU HAVRE

2me VUE DU HAVRE

prise   de   la   jetée   du   Sud-Est

vers 1840

DEVAMBEZ

VUE DU SUD-EST

DE LA VILLE DE NEW-YORK

dans l'Amérique Septentrionale
XVIIIe siècle

VUE DE SUD-EST
DE LA VILLE DE NEW-YORK
d'après l'Amérique Septentrionale
XVIIIe siècle

L'ARRIVÉE D'UNE DILIGENCE
DANS LA COUR DES MESSAGERIES
par L. L. BOILLY
1803

L'ARRIVÉE D'UNE DILIGENCE
DANS LA COUR DES MESSAGERIES
par L. L. BOILLY
1803

PHOTO: BRAUN, CLÉMENT & CIE

UNE ROUTE
par *J. L. DEMARNE*
1814

PHOTO: BRAUN, CLÉMENT & CIE
DEVAMBEZ

ARRIVÉE DE LA DILIGENCE
DANS UN BOURG DE NORMANDIE
par de La BERGE

1831

ARRIVÉE DE LA DILIGENCE
DANS UN BOURG DE NORMANDIE
par de LA BERGE
1831

PHOTO: BRAUN, CLÉMENT & CIE
DEVAMBEZ

WASHINGTON

*Premier paquebot postal du Havre à New-York
de la Compagnie Générale Transatlantique*

1866

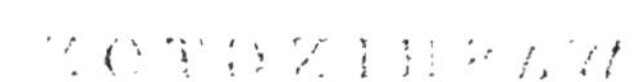

LE HAVRE MODERNE

Vue Générale de la Ville et de la Rade

PHOTO: NEURDEIN FRÈRES
DELAMBEZ

NEW-YORK MODERNE

Vue Générale

Au total, ils agissaient autant que nous ; ils s'acquittaient, comme nous, mieux que nous, peut-être, de leurs devoirs de vivants ; lorsqu'ils arrivaient, sans hâte et sans fièvre, au terme de leurs jours, ils ne laissaient, ni plus ni moins que les hommes d'aujourd'hui, leur tâche inachevée... et pourtant ils consacraient nonchalamment plusieurs mois à des besognes qui n'exigent à présent que quelques heures ; encore une fois — comment faisaient-ils ? —

A vrai dire, on s'en rend compte malaisément ; le peu qu'il soit possible de débrouiller des indications fort vagues insérées aux *Almanachs Royaux* ou glanées dans des récits de voyages, c'est qu'un parisien, du temps de Louis XVI, résolu à gagner l'Amérique, commençait par s'informer auprès de quelque courtier de Nantes ou de Saint-Malo, de Bordeaux

ou de La Rochelle; la lettre, en dix jours, parvenait
à destination; le courtier ne se pressait pas d'y ré-
pondre; après un mois ou six semaines d'attente, le

candidat passager recevait l'avis que, dans tel port,
se trouverait bientôt *en partance*, un bâtiment qui,
son frêt complété, mettrait à la voile pour le Pérou,
ou les Antilles, ou Baltimore, à moins que l'armateur
n'aie intérêt à ce que le navire parte pour ailleurs
— c'était une chance à courir — on s'arrangerait sur
place. Le parisien se décidait à prendre la voiture
publique; le bureau de celle de Nantes se trouvait,
au XVIIIe siècle, rue d'Enfer, près de la porte Saint-
Michel. On pouvait s'y procurer des chaises ou des
berlines; mais on se contentait généralement du carrosse public, qui partait le vendredi, à six heures du
matin pour arriver à Angers le jeudi au soir; à

Angers, on trouvait un *fourgon* qui se mettait en route
pour Nantes aussitôt après l'arrivée du carrosse de
Paris. Cette organisation passait pour ultra-rapide.
« Par cet établissement, annonce l'*Almanach* de 1776,

émerveillé de cette promptitude, *on arrive de Paris à
Nantes en huit jours !* »

Le prix des places était d'environ 105 livres pour
les voyageurs « portés et nourris » et 69 livres seu-

lement, sans nourriture; chacun avait droit au
transport gratuit de vingt livres pesant de bagages,
et devait payer quatre sols par vingt livres pour le
surplus de ses hardes; pourtant il était fait, sur les
gros envois, « des compositions raisonnables et pro-

portionnées. » Il importait aussi de nettement et loyale-
ment déclarer le détail de son bagage, « à cause que
tout ce qui passe en Bretagne, sauf les vieux effets,
est sujet aux droits. »

A qui de 105 retranche 69, il reste trente-six livres;
pour ce prix-là un homme était nourri et bien nourri

pendant huit jours. Il y avait, en France, d'excellentes
auberges ; la plus magnifique et longtemps la plus
célèbre fut l'*Hôtel-Dessein,* de Calais. On y trouvait
réunis « tous les genres d'agréments que peut offrir
une ville à des voyageurs, notamment la poste aux
chevaux, des
bains publics,
de la musique,
une salle de
spectacle, un
superbe jardin,
etc. » Sur les
routes de Bre-
tagne les hôtel-
leries étaient
plus simples ;
les chemins,
d'ailleurs, n'é-
taient pas très
carrossables et
bien des gens
préféraient, à la

voiture, le bidet de poste et faisaient le voyage à
cheval. Reichard, qui prévoit tout, recommande au
cavalier, en arrivant, le soir, à l'étape, de veiller
lui-même à l'installation de sa bête dans l'écurie ;
cet homme universel possède de singulières recettes.
A son idée il est urgent, après une longue marche

«d'envelopper les sabots du cheval avec du chou
salé cru, à quoi on mêle de la bouse de vache»,
préparation fort réconfortante, sans doute, pour la

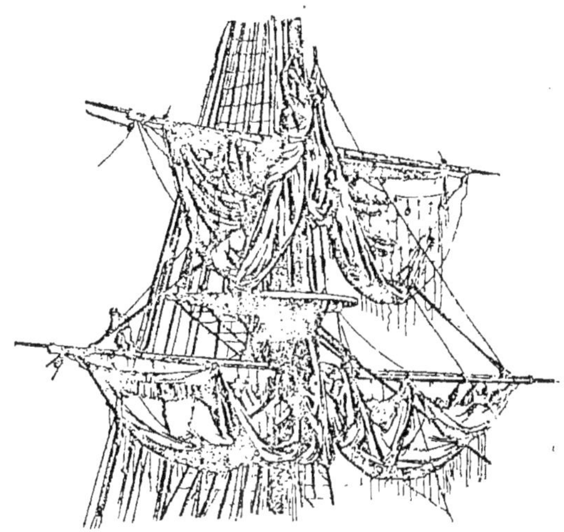

bête, mais bien désagréable à manipuler pour le cavalier. Il conseille encore, quand le cheval est fatigué, de
prendre «de la lavure de vaisselle, dans laquelle on fera
bouillir de petits os concassés, du vieux lard et de la
vieille graisse, et, à l'aide de cette décoction tiède,
de frotter à contre-poil les cuisses de l'animal.»

L'auberge, même lorsqu'elle était confortable,
restait fertile en désagréments ; elle faisait corps, habi-
tuellement, avec la maison de poste et regorgeait,
jour et nuit, de courriers, de postillons, de palefreniers,

qui traînaient dans les corridors leurs sabots ou leurs bottes ; il était fréquent qu'un voyageur attardé dût partager la chambre, et souvent même le lit, d'un compagnon de hasard. Les gens précautionneux cadenassaient leur porte ; on avait pour habitude de se barricader pour la nuit en entassant tous les meubles, et de garder une lumière, dans un mortier

de veille, pour ne pas être surpris en cas d'attaque. En outre, c'était, dans les cours et dans les écuries un va et vient continuel, un piétinement de chevaux, à ne pouvoir dormir. Mme de Genlis, qui avait vu bien

du pays, était l'inventeur d'un excellent *remède*
contre l'insomnie ; c'était de « mettre dans chaque
oreille un peu de coton bien imbibé d'huile d'olive
et de bourrer encore par dessus un autre flocon de
coton sec ». Par ce moyen on devenait sourd à ne pas
entendre le plus grand vacarme. L'anglais, dont

l'histoire est si connue, qui dort d'un somme tandis
que son auberge brûle et qui se réveille le lendemain,
sous un monceau de ruines calcinées en réclamant
tranquillement un tire-bottes, cet anglais-là avait
certainement suivi le conseil de Mme de Genlis.

L e voyageur qui, ayant résisté à toutes ces fatigues
et supporté, sans faillir ces tribulations variées,
parvenait sain et sauf au port d'embarquement, se mettait en quête d'un capitaine qui consentît à le recevoir
à son bord. Le bureau du port renseignait sur les dé-

parts probables et les conditions restaient à débattre.

Il n'existait pas, au XVIIIe siècle, de service régulier entre la France et l'Amérique; en 1789, seulement, Benjamin Dubois, armateur à Saint-Malo, conçut l'idée d'une ligne de paquebots, à départs fixes, mettant en relations Bordeaux et New-York. Il obtint du gouvernement français une subvention de 3.000 livres par mois, et réclamait, en outre, une prime « pour chaque bâtiment ayant fait le voyage, aller et retour, en moins de 120 jours ».

C'était là une « marche » presque irréalisable. Lors de son escapade d'Amérique, Lafayette, sur l'*Alligator*, avait effectué, il est vrai, la traversée en 35 jours ; mais c'était un exploit qui passait pour miraculeux ; l'année précédente, M. de Crèvecœur, sur le *Courrier de l'Europe*, était resté en mer durant 54 jours et les bateaux anglais, quand les vents et les courants étaient favorables, mettaient un peu plus de six semaines à faire le trajet.

Le premier des six départs annuels organisés par Benjamin Dubois, fixé d'abord au 1er avril 1789, fut retardé jusqu'au 1er juin. L'essai ne parut pas très heureux et donna lieu à bien des critiques ; les bâtiments étaient trop petits, — ils jaugeaient de 90 à 100 tonneaux — et ne filaient, par les temps les plus propices, que quatre nœuds à l'heure ; l'équipage, composé de cinq ou de huit hommes, ne connaissait pas même les côtes de France. Pourtant, l'un des bateaux, le *Franklin*, parvint à gagner la prime ; il réussit à effectuer le parcours de La Rochelle à New-York et rentrer à son port d'attache en moins de quatre mois ; mais il était commandé par un officier des vaisseaux du roi, M. Durontois et portait jusqu'à neuf hommes d'équipage.....

Ce fut, d'ailleurs, un haut fait sans lendemain : un autre bateau, parti de Bordeaux le 19 mai, n'aborda les quais de New-York que le 29 septembre ; en 1791, le *Suffren* mit à la voile en janvier, mais fut obligé, après avoir louvoyé pendant plusieurs jours, de rentrer dans un port de France, d'où il ne partit qu'en mars. Le service était donc des plus irréguliers ; il ne répondait, d'ailleurs, à aucun besoin ; les passagers faisaient défaut, et ceux, très rares, ayant affaire aux États-Unis ou *aux îles*, préféraient l'ancienne méthode et passaient un contrat avec le patron d'un bâtiment de commerce qui consentait à les prendre à son bord.

On débattait avec lui le prix du passage et celui de la nourriture ; mais la cuisine, comme bien on pense, était rudimentaire ; « c'est ordinairement le moindre des matelots, et souvent un mousse, qui est chargé du soin de préparer le manger ; on imagine bien qu'il est très ignorant et surtout très malpropre ». Celui qui ne se contentait pas, comme Chateaubriand, de souper « d'un biscuit, d'un peu de sucre et d'un citron », devait donc se munir de provisions pour toute la durée de la

traversée et s'occuper soi-même de préparer ses repas ;
les plus avisés se procuraient un petit four de tôle et
une marmite à esprit-
de-vin pour faire
bouillir la soupe ou
mijoter un ragoût ;
on vendait aussi des
« machines à rôtir »
en fer blanc, très
pratiques et peu
encombrantes. Mais,
si l'on connaissait, à
peu près, le jour du
départ, la durée du
voyage était le secret
de Dieu, et il était prudent de se pourvoir de vi-

vres pour plusieurs mois : de l'eau douce, du pain,
des œufs conservés dans de la graisse fondue, con-

seille Reichard, de la drèche ou mout de bière, des
noix, des fruits confits, des concombres et des pru-
neaux, et aussi « des moutons vivants », encore qu'ils
aient beaucoup de peine à supporter la mer et mai-
grissent à vue d'œil, de faim et de tristesse dès le premier roulis. « Les cochons, au contraire, sont, de tous
les animaux, ceux qui supportent le plus allègrement
les fatigues d'une traversée lorsqu'on a le soin de les

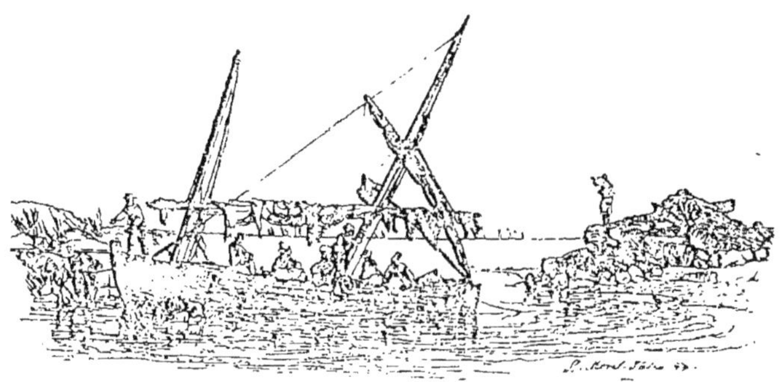

bien nourrir »; les volailles aussi sont d'une grande
ressource; mais le voyageur doit veiller lui-même à
ce que les pauvres bêtes fussent bien abreuvées, car
« suivant M. Franklin, l'on en prend si peu de soin en
mer qu'elles sont presque toujours malades et que
la viande en est dure comme du cuir. »

L e voyageur enfin est à bord : il a installé sur le
tillac, dans la cabine ou dans la cale ses bagages,

ses ustensiles, son hamac, ses rôtissoires, son troupeau,
ses caisses de provisions, sa cave et ses cages à poules.
Les matelots, en chantant un air rythmé et triste
comme un adieu, ont largué les voiles, le bateau est

sorti du port, et l'on voit s'effacer à l'horizon les
côtes de France ; maintenant, il faut s'arranger
d'une vie toute nouvelle et très active ; car le
passager novice ne va pas rester, comme on peut
le prévoir, sans occupation : quand il aura pourvu

aux besoins de son bétail, qu'il aura nettoyé,
lavé, nourri, tué, plumé ou dépouillé, fait rôtir et
mangé ses bêtes, il lui est recommandé encore de
prendre part à la manœuvre, de ramer, d'arrimer
les cordages et de carguer les voiles. Si, grâce à
cette complaisance, il parvient à « se mettre bien »
avec le capitaine, à partager avec lui ses liqueurs

fines et ses provisions; s'il prend soin de distribuer
aux matelots, matin et soir, une ration d'eau-de-vie
et une pincée de tabac à fumer, s'il se garde
« d'avaler sa salive au cas qu'il y ait un malade à
bord » et qu'il ait l'attention, pourtant, de ne pas
cracher sur le tillac; s'il ne parle ni du temps, ni du
vent, s'il ne se mêle ni de la boussole, ni des cartes

marines, Reichard lui garantit une agréable traversée, à condition, toutefois de ne jamais quitter la
ceinture de sauvetage de sir Spencer, esq., garnie
de plusieurs centaines de vieux bouchons, au moyen

de laquelle une personne peut flotter pendant des
semaines à la surface de l'eau et défier la fureur des
vagues.... Il y ajoute une suprême recommandation
qui est « de raconter à l'équipage des historiettes
propres à épanouir la rate de l'auditoire»; mais il

doit être sans exemple qu'un passager, soumis à pareil surmenage et courbé sous un si dur régime ait pu garder assez de bonne humeur pour parvenir à « épa-nouir la rate » de qui que ce soit.

En pleine mer, que de déboires ! La houle, les vents contraires, le calme plat qui immobi-lise « l'hôtellerie flot-tante », consterne l'équi-page oisif et épuise les provisions ; en peu de jours le passager, quelle qu'ait été sa prévoyance, est réduit à partager le dur biscuit des marins, et à bouillir dans l'eau de mer, ses conserves de pois secs qui refusent de s'amollir à la cuisson ; il faut jeter avec eux, dans la marmite, un boulet de canon de deux livres, que le roulis met en mouvement comme un pilon, et qui les broie ; dans la cabine commune, où l'on s'abrite par les mauvais temps, l'atmosphère est étouffante et fétide ; un chouan que d'invraisemblables aventures avaient conduit au Nouveau Monde, revint en France, au printemps de 1809, sur un bateau rochelais, l'*Ai-mable Mathilde*. Il conte que, dans la chambre du

capitaine, étaient entassées vingt-deux femmes, malades pour la plupart; la mauvaise odeur empêchait

les plus résolus d'y pénétrer; chacune des cabines
contenait deux hamacs; mais comme il était im-
possible d'y tenir ensemble, les camarades de lit
«faisaient le quart» tour à tour; l'un se promenait
sur le pont tandis que l'autre dormait; et l'on allait
ainsi, à la merci de la brise, avec le vague espoir d'arriver un jour, on ne savait quand, on ne savait où.....

Quand on est poète — et résistant, — on se roule
dans son manteau et on passe la nuit sur le tillac;
c'est ainsi que faisait Chateaubriand à bord du *Saint-
Pierre*. S'il fait beau, on tend une voile à l'arrière du
vaisseau et on dîne en vue de la mer ; la cloche règle

4

les quarts, l'heure du lever, celle des repas. Appuyé
sur l'avant du vaisseau, auprès du beaupré, « de

même qu'un vétéran assis sous la treille de son
petit jardin dans le fossé des Invalides », le capitaine
rêve, « mâchant une chique de tabac qui lui enfle la
joue comme une fluxion ». Les heures et les jours
sont sans valeur et le bateau *flâne* sur l'Océan. La
plus belle des aventures est la rencontre de deux vaisseaux ; on se découvre mutuellement à l'horizon, avec
la longue-vue ; on se dirige l'un vers l'autre ; les équi-
pages et les passagers s'empressent sur le pont ; les deux
bâtiments s'approchent, hissent leurs pavillons, car-
guent à demi leurs voiles, se mettent en travers. Quand
tout est silence, les deux capitaines, placés sur le gaillard

d'arrière, se hèlent avec le porte-voix. — Le nom du navire? — De quel port? — Le nom du capitaine? — D'où vient-il? — Combien de jours de traversée? — La latitude et la longitude? *A Dieu va !* — On lâche les ris, la voile retombe; les matelots et les passagers des deux vaisseaux se regardent fuir sans mot dire; les uns vont chercher le soleil de l'Amérique, les autres le soleil de l'Europe; on se fait un signe de loin..... *A Dieu va !*

Et quand, après quarante-cinq ou cinquante jours

de mer on arrivait en vue de la côte américaine, on
s'estimait favorisé des dieux de la mer; ni phares
étincelants, ni bastions hérissés de canons, ni statue

colossale ne la signalaient aux regards; elle était à
peine dessinée par la cime de quelques érables sortant
de l'eau..... Chateaubriand, en 1791, aborda dans la
baie de Chesapeake; descendu à terre, il se trouva
dans un bois de beaumiers et de cèdres. Après une
demi-heure de marche, il rencontra une maison isolée,
tenant de la ferme d'un anglais et de la case d'un
créole. Des troupeaux de vaches pâturaient des her-
bages entourés de claires-voies, dans lesquelles se
jouaient des écureuils à peau rayée; des noirs sciaient
des pièces de bois; des blancs cultivaient des plants
de tabacs. Une négresse vint à l'Européen et lui vendit
des gâteaux de maïs, des poules, des œufs, du lait et
Chateaubriand retourna au bateau avec ces vivres
frais, après avoir donné son mouchoir brodé à la

petite américaine qui les lui avait servis, réjoui d'avoir
été reçu par une esclave sur la terre de la liberté.

Chateaubriand n'avait vu, pour ainsi dire, de la
république naissante, que cette prairie et cette
fille de ferme ; pourtant, en retraçant, trente ans plus

tard, cette rapide vision, il notait que la population des
États-Unis s'était accrue, de dix ans en dix ans, depuis
1790 jusqu'en 1820, dans la progression de trente-cinq
individus sur cent. Il prophétisait qu'en continuant à
doubler tous les vingt-cinq ans, elle dépasserait, en
1880, cinquante millions d'habitants. Admirable divina-
tion du génie : ces prévisions se sont exactement

réalisées; d'après le recensement officiel du 1ᵉʳ juin
1880, le chiffre de la population, à cette date, était de
*cinquante millions quatre cent quarante-cinq mille trois
cent trente-six habitants !*

Rien que cette étonnante progression, l'intensité de
vie sociale, l'activité industrielle qu'elle suppose font
comprendre qu'à un tel peuple, en relations forcées

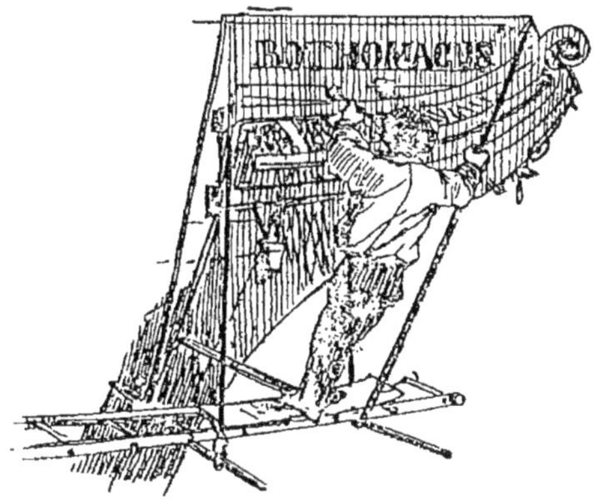

avec l'ancien monde, ne pouvaient pas suffire longtemps les voiliers indécis qui ballotaient durant un
mois, quelquefois deux, les voyageurs entre Le
Havre et New-York, avant de les déposer moulus,
désemparés, sur l'autre rive. Dès que fut définitivement
close la période belliqueuse de l'Empire, se créa, en
Angleterre, vers 1816, sous le nom de la *Boule Noire*,
une ligne de paquebots, effectuant la traversée de
l'Atlantique en vingt-trois jours à l'aller, en quarante

jours au retour. Le plus grand navire du monde appartenait à cette ligne ; il s'appelait le *New-World* et jaugeait 1.400 tonneaux. Le *Dreadnought,* de Liverpool, fut célèbre pour avoir accompli le passage en 14 jours, fait inouï, et qui resta sans exemple.

Pourtant, on changea le gréement, on fit les voiles moins hautes et plus larges ; les *clippers,* ainsi construits, gagnèrent de vitesse; en 1830, ils voguaient de New-York au Havre en dix-huit ou vingt jours. Le progrès était sensible.

Les prix aussi furent réglés; vers cette époque, les passagers, pourvus d'une « chambre » payaient 750 fr.; ceux de l'entrepont étaient reçus à moitié prix.

En 1838, le *Royal-William,* pour son premier voyage de Liverpool à New-York, prit des voyageurs à raison de 140 dollars, nourriture comprise. Deux ans plus tard, sur les paquebots à vapeur de l'Administration des Postes de France, un restaurateur pourvoyait à la subsistance des passagers, moyennant 6 francs en première classe, 4 francs en deuxième ; pour ceux-ci la nourriture était obligatoire. Les voyageurs de troisième classe n'avaient pas de table, ils restaient libres de pourvoir, comme dans l'ancien temps, à leur approvisionnement, ou de se faire servir à la carte par la cuisine du bord.

En 1858 fonctionnait au Havre une *Compagnie Générale Maritime* dont les six vapeurs desservaient Hambourg et l'Algérie ; c'est cette société qui prit,

trois ans après, le titre de *Compagnie Générale Transatlantique* et qui assura les premiers services à départs
fixes entre la France et les États-Unis. Il est bien

inutile de décrire, aux contemporains qui en font usage,
ses paquebots, insolents de rapidité et de luxe. Un
simple rapprochement terminera ce croquis rétros-
pectif, ce regard jeté au passé : la *Touraine* mesure

160 mètres de long et 20 mètres de haut ; or, d'après
les calculs d'un spécialiste érudit, la nef biblique que
Dieu ordonna à Noé de construire de façon à ce

qu'elle put contenir un spécimen de toutes les créatures du monde antédiluvien, ne comptait que 150 mètres de long sur 15 mètres de haut.

La *Touraine* est plus vaste que l'Arche de Noé ! Que dire de la *Provence* ! !

G. Lenôtre.

Achevé d'imprimer
pour
la C⁀ᵉ *GÉNÉRALE TRANSATLANTIQUE*

le 20 Août 1908
par DEVAMBEZ

Diary
Dessins
de
G. Bourgain

Journal de Bord

M

Nom du Navire

en l'an 19

G. Bourgain

G. Bourgain Et

www.ingramcontent.com/pod-product-compliance
Ingram Content Group UK Ltd.
Pitfield, Milton Keynes, MK11 3LW, UK
UKHW022035170726
13837UKWH00002B/610